Je

Les grands explorateurs

LES ESSENTIELS MILAN JUNIOR

Sommaire

Introduction

Des premiers voyageurs aux grandes découvertes

Les grandes expéditions scientifiques

De nouvelles frontières

Pour les plus curieux

Journal d'un explorateur

6 mai

Ça y est ! Après trois mois de préparatifs, nous avons enfin largué les amarres au lever du soleil. Le bateau avance à grande vitesse, la mer est belle. Les marins sont joyeux : ils ont oublié qu'ils risquent leur vie dans cette expédition...

27 mai

La mer est déchaînée et la pluie tombe sans arrêt. Des éclairs claquent autour du bateau. Les hommes se relaient pour écoper l'eau qui s'infiltre dans la cale. Nous n'avons pas mangé de repas chaud depuis trois jours : la pluie empêche d'allumer le feu.

24 juillet

Voilà plusieurs jours que je n'ai pas fermé l'œil. Il me faut surveiller les matelots qui se plaignent de plus en plus de la durée du voyage. Hier, ils m'ont demandé de faire demi-tour. Insensé ! Pour les calmer, j'ai dû leur donner double ration de soupe au lard.

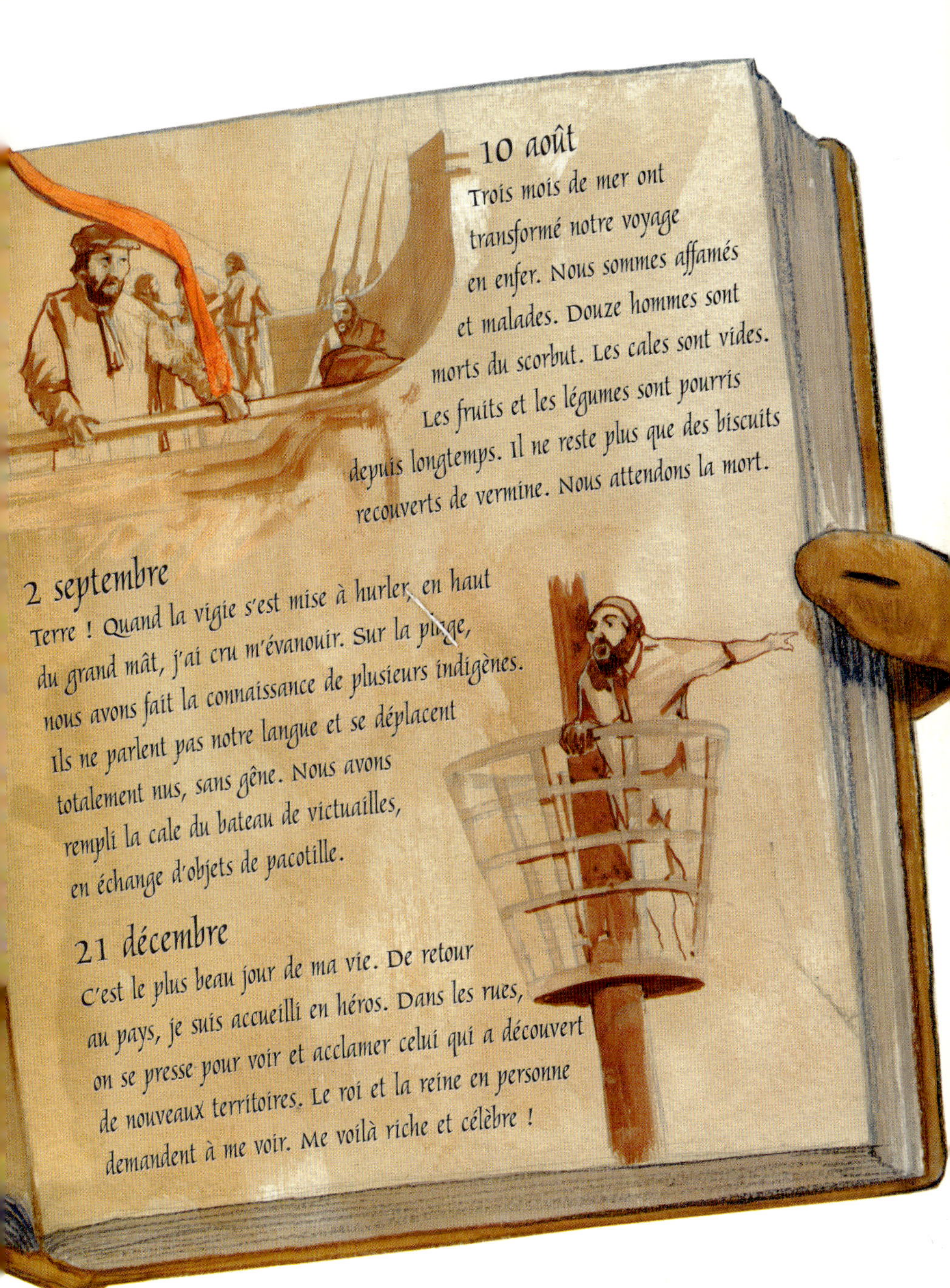

10 août

Trois mois de mer ont transformé notre voyage en enfer. Nous sommes affamés et malades. Douze hommes sont morts du scorbut. Les cales sont vides. Les fruits et les légumes sont pourris depuis longtemps. Il ne reste plus que des biscuits recouverts de vermine. Nous attendons la mort.

2 septembre

Terre ! Quand la vigie s'est mise à hurler, en haut du grand mât, j'ai cru m'évanouir. Sur la plage, nous avons fait la connaissance de plusieurs indigènes. Ils ne parlent pas notre langue et se déplacent totalement nus, sans gêne. Nous avons rempli la cale du bateau de victuailles, en échange d'objets de pacotille.

21 décembre

C'est le plus beau jour de ma vie. De retour au pays, je suis accueilli en héros. Dans les rues, on se presse pour voir et acclamer celui qui a découvert de nouveaux territoires. Le roi et la reine en personne demandent à me voir. Me voilà riche et célèbre !

La soif d'aventures

Les grands explorateurs voyagèrent pour faire du commerce, conquérir de nouveaux territoires ou prêcher leur religion. Les plus célèbres ont découvert des continents inconnus. Tous avaient le goût de l'aventure et une curiosité insatiable !

Qu'est-ce qu'un explorateur ?

Ils bravent de terribles tempêtes, traversent d'épaisses forêts, s'aventurent dans des contrées inconnues… Qu'ils soient marins, voyageurs solitaires, conquérants, pèlerins, marchands ou grands aventuriers, les explorateurs ont tous le désir de découvrir ce qui se cache au-delà de l'horizon, le désir de repousser les limites du monde connu. En rapportant dans leur région d'origine des objets ou des produits jusque-là ignorés, ils élargissent la connaissance du monde, développent l'économie ou font progresser la science.

Un besoin ancestral

L'exploration de notre planète ne date pas d'aujourd'hui ! Les hommes préhistoriques se déplaçaient déjà, au hasard de leurs chasses. Les premiers cultivateurs, eux, recherchaient des vallées fertiles. Au XVe siècle, le rêve de commerce avec l'Orient a poussé les marchands sur les mers. Puis des savants se sont mis à explorer méthodiquement la Terre pour « combler les blancs » sur la carte. De nos jours, l'exploration vise surtout à améliorer la connaissance et la compréhension du monde dans lequel nous vivons.

Le savais-tu ?

Le goût du danger

Pour recruter son équipe, l'explorateur polaire britannique Ernest Shackleton avait fait publier dans un journal, en 1907, la petite annonce suivante : « *Homme requis pour voyage périlleux, bas salaire, froid intense, longs mois de ténèbres, danger constant, retour incertain.* » C'est une bonne définition de l'explorateur !

De nombreux dangers

Beaucoup d'explorateurs ne sont jamais revenus de leurs périples. Les récits que l'on connaît font état de nombreux drames. Les grands voyageurs ont dû affronter des maladies mortelles, des animaux féroces, des populations hostiles, des climats extrêmes… Aujourd'hui encore, la technologie de plus en plus sophistiquée qui accompagne les explorateurs n'empêche pas les sueurs froides ni les accidents !

Aventures oubliées

De nombreuses explorations ne sont pas parvenues jusqu'à nous, car elles n'ont fait l'objet d'aucun témoignage. Dans d'autres cas, les récits des voyages ont tout simplement été perdus. Parfois, les découvertes étaient volontairement cachées par leurs auteurs pour éviter qu'un rival ou un pays n'en tire profit !

Les héros de la mythologie grecque étaient eux aussi de grands explorateurs, qui avaient à affronter de nombreux dangers. Ulysse est un de ces fameux voyageurs : il dut montrer ruse et courage lors de ses expéditions, comme ici face au terrifiant cyclope.

Je veux être explorateur !

Un explorateur doit savoir lire une carte, dresser un campement, se soigner seul, maîtriser des instruments compliqués… Il n'existe pas d'école pour apprendre. Toutefois, les sociétés de géographie, fondées au XIXe siècle, soutiennent et encouragent aujourd'hui encore les missions d'exploration.

Contrée : *région, territoire.*

Fertile : *qui fournit des récoltes abondantes.*

Pèlerin : *personne qui voyage pour aller prier dans un lieu saint.*

Périple : *long voyage.*

Rival : *concurrent.*

Bas-relief égyptien relatant l'expédition vers Pount commandée par la reine Hatshepsout.

De glorieux pionniers

À bord de leurs navires marchands, à la tête de leurs armées, ou simplement à pied, les premiers explorateurs entreprennent de longs et périlleux voyages.

La première expédition

Les premières civilisations naissent au Moyen-Orient, environ 5 000 ans avant notre ère. Vers 2500 av. J.-C., les Égyptiens pratiquent déjà un commerce actif avec les peuples voisins. La reine Hatshepsout lance la première grande expédition vers 1492 av. J.-C. Cinq navires sillonnent les eaux dangereuses de la mer Rouge et atteignent le pays de Pount, l'actuelle Somalie. Les Égyptiens en rapportent de l'or, de l'ébène, des peaux de léopards et des arbres à myrrhe.

Marins et marchands

Les Phéniciens des côtes du Liban, de Syrie et d'Israël commercent avec toute la Méditerranée dès 1000 av. J.-C. À la recherche de denrées rares, ils franchissent le détroit de Gibraltar et naviguent à travers l'océan Atlantique. Ils longent la côte de l'Afrique et remontent peu à peu vers l'Angleterre. Leurs bateaux construits en cèdre, un bois dur, résistent bien aux tempêtes.

Le savais-tu ?

Les Vikings découvrent l'Amérique

Du VIIIe au XIe siècle, des guerriers scandinaves, les Vikings, sillonnent les mers à la recherche de nouvelles terres à conquérir. Ils déferlent sur l'Europe où ils pillent villes et monastères. Ils s'aventurent jusqu'en Islande, au Groenland, et atteignent le continent américain, 500 ans avant Christophe Colomb !

Les conquérants

Au IVe siècle av. J.-C., le roi de Macédoine Alexandre le Grand règne sur un immense territoire qui s'étend de la Grèce à l'Inde. Avec sa gigantesque armée, il parcourt 32 000 km en 10 ans et fonde plus de 70 villes. Après chaque bataille, des savants explorent les régions traversées et dressent des cartes. Cinq siècles plus tard, c'est au tour des Romains de devenir les maîtres d'un empire presque sans limites.

Les grands voyageurs

Dès l'Antiquité, des voyageurs partent seuls à l'aventure, à pied ou à dos d'animal, souvent au péril de leur vie. Grâce à leurs témoignages, les contours de notre monde se précisent. Le Grec Hérodote, au Ve siècle av. J.-C., sillonne le bassin méditerranéen et écrit 9 livres. En Chine, les premiers voyageurs sont, comme Xuan Zang au VIIe siècle, des moines à la recherche de connaissances religieuses. À partir du VIIe siècle, la naissance d'une nouvelle religion, l'islam, conduit de nombreux musulmans à voyager pour répandre leur foi. Au XIVe siècle, l'explorateur musulman Ibn Battuta parcourt l'Afrique et l'Asie pendant 30 ans.

Le moine Xuan Zang, de retour en Chine, avec les Écritures sacrées du bouddhisme.

Le plus grand géographe de l'Antiquité

Vers 100 av. J.-C., le Grec Ptolémée dessine une carte du monde qui intègre les continents alors connus : l'Europe, l'Afrique et l'Asie. Cette mappemonde reste la référence des explorateurs jusqu'au XVe siècle.

dico

Antiquité : période qui va de la fin de la préhistoire à la chute de l'Empire romain (Ve siècle apr. J.-C.).

Denrée : produit alimentaire.

Ébène : bois noir très dur.

Myrrhe : résine qui dégage une odeur agréable en brûlant.

La route des Indes

Caravane de la famille Polo sur la route de la Soie.

Fascinés par les richesses de l'Orient, certains explorateurs tentent de gagner l'Asie par voie terrestre. D'autres se lancent sur les mers à la recherche d'itinéraires plus rapides.

Le savais-tu ?

Le « Nouveau Monde »

Les terres que Colomb découvre appartiennent à un continent situé entre l'Europe et l'Asie. Le navigateur italien Amerigo Vespucci est le premier à comprendre qu'il s'agit d'un « Nouveau Monde », sans lien avec l'Asie. En son honneur, on a donné son prénom au nouveau continent.

Merveilles de l'Orient

Pendant des siècles, les échanges entre l'Europe et l'Asie empruntent la route de la Soie, un ensemble de voies terrestres de plus de 7 000 km à travers déserts et montagnes. De l'or, de l'argent et des chevaux affluent vers la Chine en échange d'épices et de soie acheminées par les caravanes des marchands chinois. Au XIIIe siècle, le marchand vénitien Marco Polo est l'un des premiers Européens à parcourir la route de la Soie et à pénétrer en Chine. Il y sera même le conseiller de l'empereur Kubilaï Khan. À son retour à Venise, 24 ans plus tard, il décrit les richesses de l'Orient, mais beaucoup n'en croient pas un mot !

À la recherche des « îles aux épices »

Au XVe siècle, les Européens se lancent à la recherche d'une route plus rapide pour gagner l'Asie. Sous l'impulsion du prince Henri le Navigateur, des marins portugais s'aventurent vers le sud-ouest. En 1498, Vasco de Gama atteint l'Inde par la mer en contournant la pointe sud de l'Afrique. Plusieurs compatriotes continuent jusqu'aux « îles aux épices » (Philippines et Indonésie). Ils s'y rendent maîtres du commerce, faisant du même coup la fortune du Portugal.

La découverte de Colomb

Le navigateur génois Christophe Colomb a une autre idée pour gagner l'Asie. Il pense que, puisque la Terre est ronde, il suffit de naviguer vers l'ouest, à travers l'océan Atlantique. Le 3 août 1492, il part avec 3 navires et 90 marins. Deux mois plus tard, il prend possession d'une île qu'il baptise San Salvador. Il croit être aux portes de l'Extrême-Orient, alors qu'il se trouve en réalité aux Bahamas, au large de l'Amérique. Il ne saura jamais qu'il vient de découvrir un nouveau continent !

Le premier tour du monde

Au début du XVIe siècle, on sait désormais que, pour atteindre les Indes par l'ouest, il faut contourner le continent américain « qui fait barrage ». De nombreux navigateurs s'y essaient, comme le Portugais Fernand de Magellan en 1519. Le voyage est interminable et Magellan est tué aux Philippines. L'un de ses lieutenants achève le périple et réalise le premier tour du monde. Sur les 265 hommes d'équipage, seuls 18 en reviennent vivants !

C'est grâce à des hommes comme Magellan (1480-1521) que des planisphères de plus en plus complets ont pu être réalisés (gravure du XVIe siècle).

Des épices appréciées

Les épices (poivre, noix de muscade, clou de girofle...) servent en Europe à conserver les aliments pendant l'hiver, relever leur goût ou fabriquer des médicaments.

Un océan très calme

Quand Magellan parvient enfin à contourner l'Amérique par le sud, il débouche sur un autre océan. Il le trouve si calme qu'il le nomme « Pacifique » !

dico

Compatriote : personne originaire du même pays.

Périple : long voyage.

La *Santa Maria* de Christophe Colomb

1. Sa coque massive et arrondie permet de stocker une centaine de tonneaux remplis de vin, d'eau, de lentilles, de biscuits de mer, de poisson et de viande salés...

2. Les voiles carrées et triangulaires favorisent la vitesse et la maniabilité.

3. Les châteaux de poupe et de proue incorporés à la coque facilitent l'observation et la manœuvre. Plusieurs canons y sont installés.

4. Dans la cale, il faut pomper l'eau qui s'infiltre en permanence.

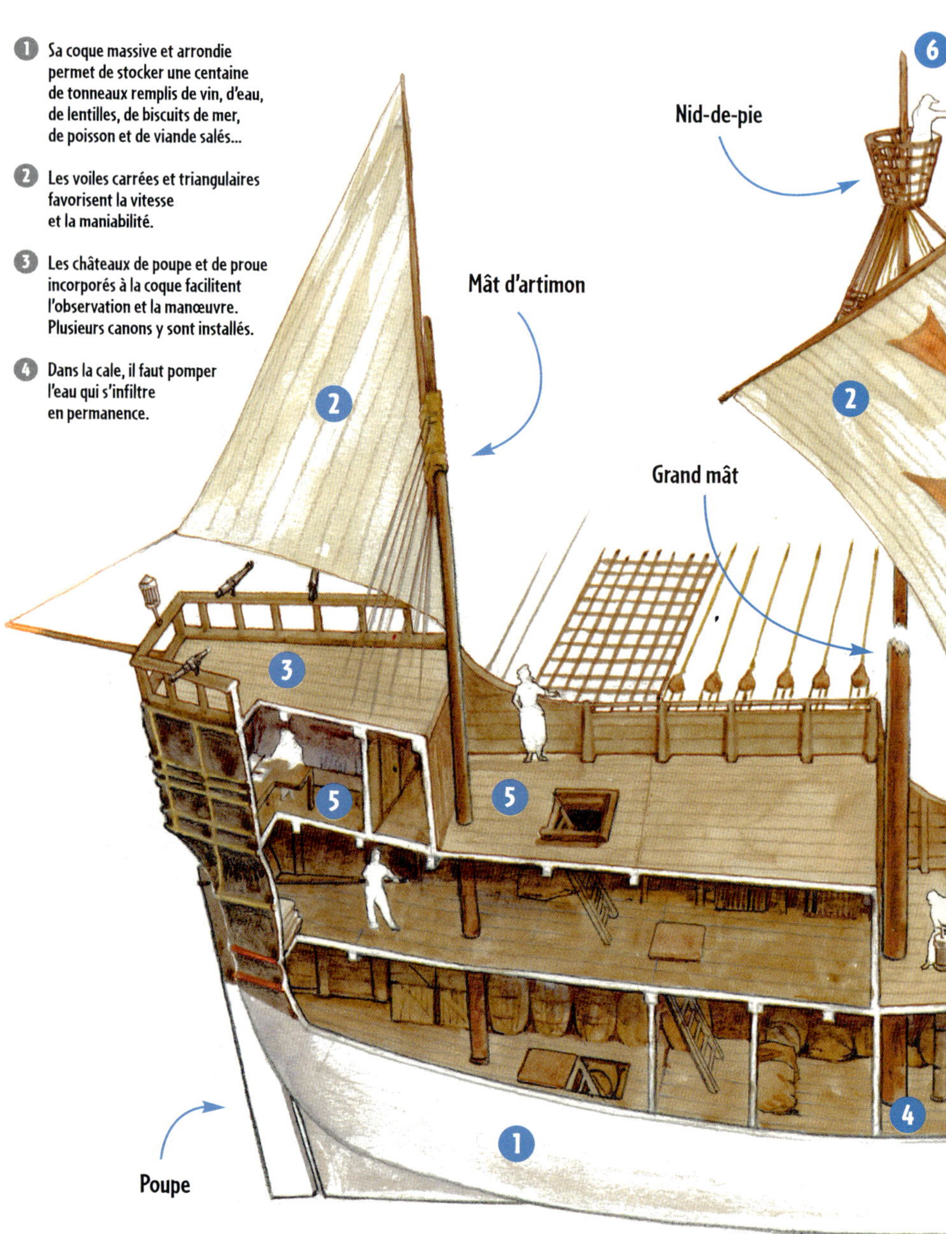

Le vaisseau amiral de Christophe Colomb, la *Santa Maria*, est une caraque, un navire de commerce robuste mais peu rapide. Il mesure environ 26 m de long et 8 m de large.

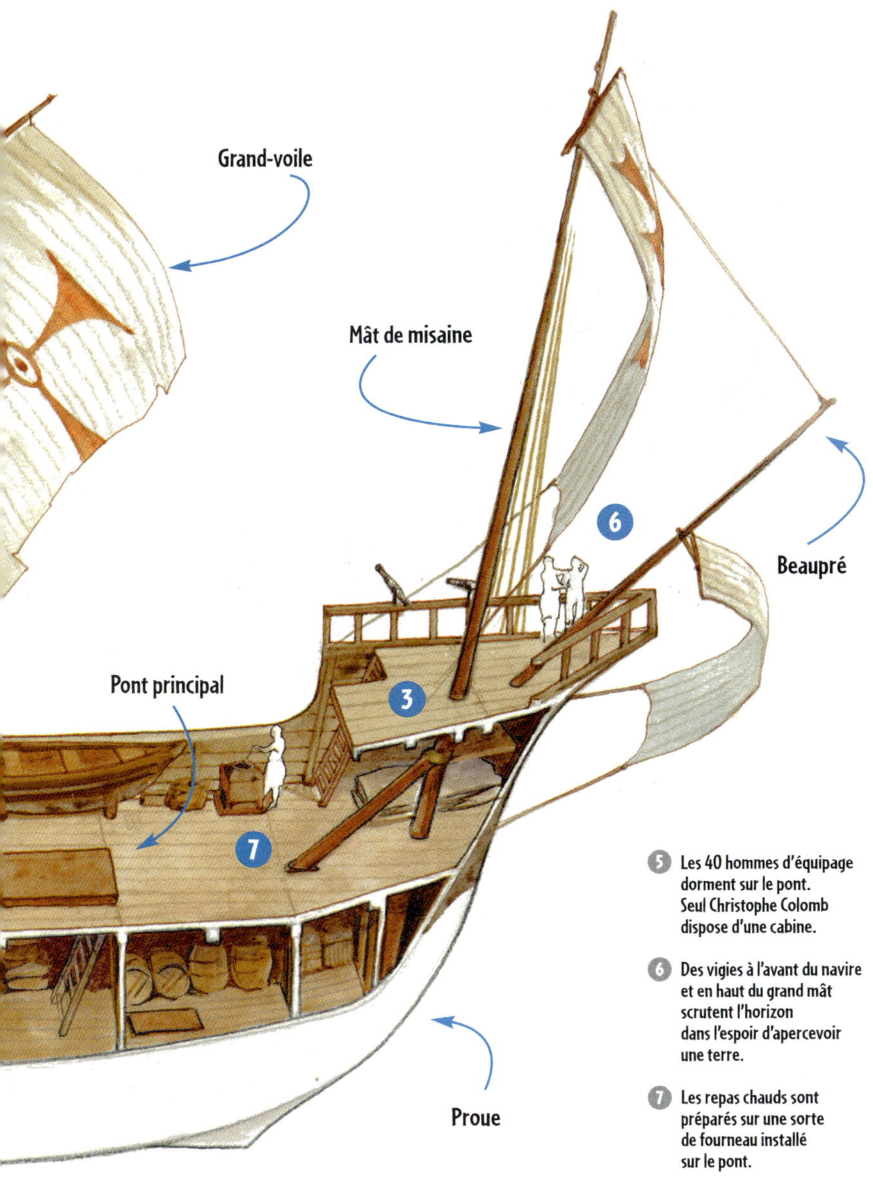

5 Les 40 hommes d'équipage dorment sur le pont. Seul Christophe Colomb dispose d'une cabine.

6 Des vigies à l'avant du navire et en haut du grand mât scrutent l'horizon dans l'espoir d'apercevoir une terre.

7 Les repas chauds sont préparés sur une sorte de fourneau installé sur le pont.

À l'assaut du Nouveau Monde

Au début du XVIe siècle, seules les côtes du Nouveau Monde ont été explorées. Mais ses richesses soulèvent l'intérêt des Européens. Pour l'or, ils sont prêts aux pires brutalités.

Le conquérant espagnol Hernán Cortés (1485-1547) accueilli lors de son arrivée au Mexique par les représentants de l'empereur aztèque Moctezuma.

Le savais-tu ?

Le commerce triangulaire

Entre le XVIe et le XVIIIe siècle, au moins 20 millions d'Africains sont déportés en Amérique. Les esclaves sont échangés contre des produits de pacotille en Afrique. Puis ils sont vendus en Amérique contre du sucre, du coton ou du café, des produits très appréciés en Europe.

La ruée vers l'or

Peu de temps après Christophe Colomb, des conquérants espagnols débarquent en Amérique. Avides de gloire et de fortune, ces « conquistadors » dominent rapidement les populations grâce à leurs mousquets, leurs canons et leurs chevaux, inconnus des Indiens. En 1519, Hernán Cortés, accompagné d'une armée de 600 hommes, arrive au Mexique. En s'enfonçant vers l'intérieur des terres, il découvre la brillante civilisation aztèque, qui fabrique de somptueux bijoux en or et en argent. Il l'anéantit avec l'aide de tribus ennemies. Tenochtitlán, la capitale, est rebaptisée Mexico.

La fin des Incas

L'Empire inca, en Amérique du Sud, connaît le même sort que les Aztèques. Avec moins de 180 hommes, Francisco Pizarro débarque au Pérou en 1531. L'empereur Atahualpa est capturé et des milliers d'Incas sont massacrés. Malgré la rançon payée, l'empereur est exécuté tandis que les conquistadors pillent sans scrupules les temples de Cuzco, la capitale. En 1535, les Espagnols fondent sur la côte leur propre capitale, la future Lima.

Le travail forcé

En un siècle, l'Espagne devient le pays le plus riche d'Europe. Les Espagnols font travailler de force les Indiens dans les plantations et les mines d'or et d'argent d'Amérique. En quelques décennies, des millions d'entre eux sont décimés par les maladies européennes et les mauvais traitements. On les remplace alors par des esclaves venus d'Afrique. Quelques voix s'élèvent en Europe pour dénoncer le massacre des Indiens et de leur culture, en vain.

La conquête du Nord

Pendant que les conquistadors espagnols s'emparent de l'or aztèque et inca, d'autres Européens commencent l'exploration des immenses territoires nord-américains. Ils apprennent beaucoup des tribus indiennes qui vivent de la chasse, de la pêche et de la cueillette. En 1534, le marin français Jacques Cartier explore le Canada alors qu'il cherche un passage pour rejoindre l'Extrême-Orient. À la fin du XVIIIe siècle, les Anglais dominent la côte est. Les 13 colonies qu'ils ont fondées donneront naissance aux États-Unis d'Amérique.

Au nom de l'Évangile

Les conquistadors se battent pour l'or et pour imposer la religion catholique. Ils n'hésitent pas à piller et détruire les temples, car ils sont choqués par la cruauté des religions indiennes qui organisent des sacrifices humains.

À la recherche de la cité d'or

Le mythe de l'Eldorado (« l'homme d'or ») pousse les conquistadors à parcourir l'Amérique du Sud à la recherche d'une légendaire cité d'or. Mais personne ne l'a jamais découverte !

dico

Décimer : faire périr en grand nombre.

Mousquet : arme à feu, ancêtre du fusil.

Plantation : exploitation agricole des pays tropicaux.

La science en progrès

Les progrès scientifiques et l'évolution des techniques de navigation permettent peu à peu de s'aventurer de plus en plus loin en mer et sur terre.

Des explorateurs d'un genre nouveau

À partir du XVIIIe siècle, une nouvelle vague d'explorateurs se lance à l'assaut des mers et des continents. Ce sont des géographes, des botanistes, des géologues, soucieux de faire avancer la connaissance des sciences de la nature. Leurs voyages, soigneusement préparés, sont financés par des sociétés savantes européennes.

Le savais-tu ?

Le siècle des Lumières

Le XVIIIe siècle est appelé le « siècle des Lumières », car on se passionne à cette époque pour la science, le savoir et toutes les connaissances qui éclairent l'esprit. En France, des philosophes comme Montesquieu, Voltaire, Rousseau et Diderot prônent une société plus tolérante et plus respectueuse des droits de chaque individu.

Les progrès de la navigation

De nos jours, les appareils de navigation et les satellites indiquent aux voyageurs leur position exacte. Mais à l'époque où débutent les explorations maritimes, le calcul de la position d'un navire est approximatif. Les marins observent le ciel et utilisent la boussole, héritée des Chinois et des Arabes. Grâce à des instruments comme l'astrolabe, ils apprennent à déterminer précisément la latitude (la position nord ou sud par rapport à l'équateur). Mais les erreurs de navigation restent fréquentes, car ils ne savent pas estimer la longitude (la position est ou ouest), dont le calcul exige une mesure précise du temps. L'invention du chronomètre de marine, dans la seconde moitié du XVIIIe siècle, rend possible ce calcul indispensable.

La première grande expédition scientifique

En 1735, le naturaliste français Charles Marie de La Condamine est envoyé en Amérique du Sud prendre des mesures près de l'équateur. Sa curiosité scientifique le pousse à descendre le fleuve Amazone jusqu'à l'océan Atlantique. Malgré le danger, le savant accumule les observations : il cartographie le fleuve, mesure sa profondeur, évalue la vitesse du courant…

Aventuriers et scientifiques

Dans le sillage de La Condamine, l'Allemand Alexander von Humboldt explore l'Amérique du Sud avec le médecin français Aimé Bonpland, de 1799 à 1804. Au péril de leur vie, les deux compagnons multiplient notes et croquis et rapportent en Europe plus de 300 caisses de spécimens ! La précision et le soin de leurs observations servirent de modèle aux expéditions scientifiques qui ont suivi.

Les scientifiques Humboldt (1769-1859) et Bonpland (1773-1858) sur les bords du fleuve Orénoque, en train d'observer la faune et la flore.

Les sociétés de géographie

Au XIXe siècle, la plupart des pays fondent des sociétés savantes qui rassemblent de nombreux scientifiques. L'une des plus anciennes, la Société de géographie de Paris, existe toujours. Elle organise des conférences, des voyages et parraine aujourd'hui encore des expéditions.

dico

Astrolabe : instrument qui permet de déterminer la latitude en mesurant la hauteur d'une étoile.

Botaniste : savant qui étudie les plantes.

Équateur : grand cercle imaginaire qui fait le tour de la Terre à égale distance des deux pôles.

Géologue : spécialiste des roches et de la surface de la Terre.

Naturaliste : savant qui étudie les plantes, les animaux et les minéraux.

Dans les mers du Sud

Le Français Bougainville (1729-1811), à son arrivée à Tahiti.

Le savais-tu ?

La maladie du scorbut

En mer, les marins meurent souvent du scorbut, une maladie provoquée par le manque de vitamine C dans l'organisme. Au XVIIIe siècle, on comprend qu'il suffit de manger des citrons et d'autres agrumes pour ne pas être malade. Cook prend alors grand soin de ravitailler son navire en fruits frais et même en choucroute !

Depuis l'Antiquité, on pense qu'il existe un immense territoire, dans l'hémisphère Sud, qui maintient le globe en équilibre. Après Magellan, d'autres explorateurs parcourent l'océan Pacifique à sa recherche.

La terre inconnue du Sud

À partir du XVIe siècle, les Espagnols et surtout les Hollandais organisent de nombreux voyages pour tenter de découvrir la *Terra australis incognita* (la « terre inconnue du Sud »). Ils atteignent la Nouvelle-Guinée et d'autres îles d'Océanie. En 1642, le navigateur Abel Janszoon Tasman explore les îles proches de l'Australie.

Les Français dans l'aventure

Entre 1766 et 1769, le Français Louis Antoine de Bougainville entreprend un tour du monde à bord du navire la *Boudeuse*. Dans le Pacifique sud, il prend possession au nom du roi Louis XV de l'île de Tahiti, qu'il décrit comme un paradis terrestre. Un autre Français, Jean-François de La Pérouse, part à son tour en 1785. Mais le voyage vire à la tragédie : ses deux navires disparaissent à jamais, victimes de récifs.

Le capitaine Cook

En 1768, l'Anglais James Cook s'aventure lui aussi dans le Pacifique sud. Il a reçu des instructions secrètes : localiser une fois pour toutes la mystérieuse *Terra australis* ! Au cours de ce voyage, il fait le tour de la Nouvelle-Zélande et parcourt la côte est de l'Australie. En 1772, il repart et longe enfin… l'Antarctique ! Mais les icebergs qui recouvrent l'océan l'empêchent de poursuivre sa route. Il comprend alors que le continent tant recherché existe, bien plus au sud que ce qu'on croyait, mais qu'il est inhabitable et dépourvu de richesses !

Navigateur et naturaliste

En 1831, Charles Darwin a 22 ans quand il embarque à bord du *Beagle* en tant que naturaliste. Pendant 5 ans, le jeune Britannique multiplie les observations. Aux îles Galápagos, il remarque que les pinsons n'ont pas le même bec d'une île à l'autre. Vingt-trois ans plus tard, il s'appuie sur cette découverte pour formuler sa célèbre théorie de l'évolution. Toutes les espèces, explique-t-il, sont issues d'un ancêtre commun. Elles se sont différenciées les unes des autres au cours d'une lente évolution. Dans le cas des pinsons, c'est une seule espèce qui a donné naissance à d'autres, en fonction de ce que les oiseaux trouvaient à manger sur chaque île.

Un livre qui fait scandale

Quand Darwin publie *De l'origine des espèces au moyen de la sélection naturelle*, en 1859, l'ouvrage choque l'Église. À l'époque, on pense encore que tous les êtres vivants ont été créés par Dieu.

dico

Naturaliste : savant qui étudie les plantes, les minéraux et les animaux.

Pinson : petit oiseau au plumage bleu verdâtre et noir et au chant mélodieux.

Récif : rocher très près de la surface.

Au cœur des continents

L'Afrique, l'Asie et l'Australie ont gardé leurs mystères pendant des siècles. Les explorateurs lèvent peu à peu le voile sur les régions lointaines ou impénétrables.

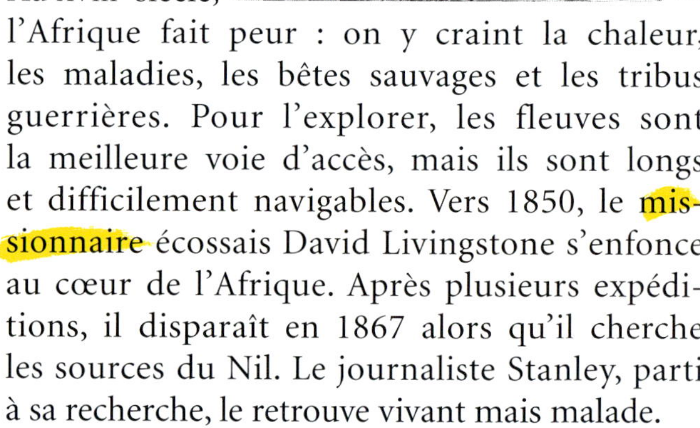

La rencontre de Stanley (1841-1904) et de Livingstone (1813-1873), le 23 octobre 1871.

L'inquiétante Afrique

Au XVIIIe siècle, l'Afrique fait peur : on y craint la chaleur, les maladies, les bêtes sauvages et les tribus guerrières. Pour l'explorer, les fleuves sont la meilleure voie d'accès, mais ils sont longs et difficilement navigables. Vers 1850, le missionnaire écossais David Livingstone s'enfonce au cœur de l'Afrique. Après plusieurs expéditions, il disparaît en 1867 alors qu'il cherche les sources du Nil. Le journaliste Stanley, parti à sa recherche, le retrouve vivant mais malade.

La traversée de l'Australie

La colonisation de l'Australie débute en 1788, avec l'arrivée de forçats anglais qui s'approprient les terres des Aborigènes. Mais ces premiers colons ne s'éloignent pas du littoral. Ce n'est qu'au milieu du XIXe siècle que ce territoire aride est parcouru de l'intérieur. Des aventuriers, attirés par l'argent promis par le gouvernement, le traversent du sud au nord.

Le savais-tu ?

Les croisières Citroën

Entre 1922 et 1932, le constructeur automobile français André Citroën organise plusieurs expéditions en autochenilles (roues à l'avant, chenilles à l'arrière) à travers l'Afrique et l'Asie. Des peintres, des cinéastes et des savants font partie de l'aventure. Dans l'Himalaya, les voitures sont entièrement démontées et transportées à dos de porteurs pour franchir des obstacles !

Les Cosaques en Sibérie

Au XVIe siècle, les Cosaques partent explorer les terres de Sibérie, situées au-delà de l'Oural. Ils terrifient les populations locales et pillent tout ce qu'ils trouvent jusqu'à l'océan Pacifique. À la fin du XIXe siècle, la construction du Transsibérien, le chemin de fer qui relie Moscou à Vladivostok, facilite l'exploration des dernières contrées inconnues de Sibérie.

Tibet et Indochine

Les montagnes et l'instabilité politique empêchent pratiquement toute exploration du Tibet pendant des siècles. En 1846, deux missionnaires français, Évariste Huc et Joseph Gabet, atteignent la capitale Lhassa, déguisés en moines bouddhistes. En 1924, la Française Alexandra David-Néel est la première femme occidentale à y pénétrer, vêtue en pèlerin tibétain. Au XIXe siècle, les Français colonisent l'Indochine (Asie du Sud-Est). En 1866, de Saigon, ils organisent une expédition du Mékong, un fleuve long de plus de 4 000 km et traversant des régions encore inexplorées. Dans la jungle tropicale, les hommes souffrent des moustiques et des sangsues. En route, ils explorent le site d'Angkor, au Cambodge, où se trouvent les vestiges de l'ancienne civilisation khmère.

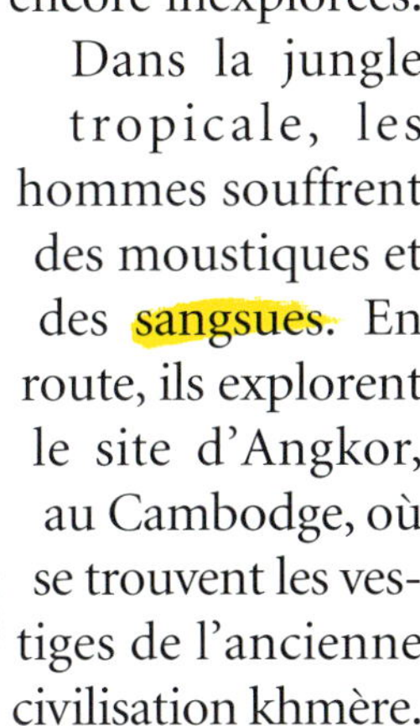

Une célèbre rencontre

Quand Stanley retrouve Livingstone, en 1871, dans la région du lac Tanganyika, il prononce cette phrase célèbre : *« Docteur Livingstone, je présume ? »*

dico

Aborigène : peuple établi en Australie depuis plus de 40 000 ans.

Aride : très sec.

Colonisation : occupation d'un territoire par un pays dominant.

Cosaque : habitant de la Russie.

Missionnaire : personne chargée de propager une religion.

Sangsue : gros ver aquatique qui se colle à la peau et suce le sang.

La fameuse Alexandra David-Néel (1868-1969) voyageant à dos de yack au Tibet.

La course aux pôles

L'explorateur américain Peary (1856-1920), entouré de ses chiens, fin prêt pour atteindre le pôle Nord.

Les explorations de l'Arctique et de l'Antarctique sont les deux derniers grands défis à relever. Européens et Américains se lancent à la conquête de ces régions extrêmes dès le XIXe siècle.

Le savais-tu ?

Un continent pour la science

De nombreux pays se sont engagés à protéger l'Antarctique depuis 1959. Seules les activités pacifiques, et en particulier scientifiques, y sont autorisées. Actuellement, une quarantaine de bases abritent des chercheurs du monde entier. Ceux-ci étudient l'atmosphère terrestre et l'histoire des climats.

Échecs à répétition

Toutes les expéditions lancées vers le Grand Nord au XIXe siècle échouent. Les hommes ne sont pas équipés pour supporter le froid intense. Et la glace épaisse de la banquise brise les coques des bateaux. L'expédition la plus tragique est celle de John Franklin, en 1847. Ses deux bateaux sont pris dans les glaces et se disloquent sous la pression. Il n'y a aucun survivant.

En route pour le pôle Nord

L'Américain Robert Peary veut être le premier à atteindre le pôle Nord. Pour mettre toutes les chances de son côté, il engage plusieurs Inuits pour chasser et préparer de la viande fumée. Il fait aussi fabriquer des vêtements en peau de phoque et choisit d'utiliser des traîneaux à chiens. Avant son départ, des réserves de vivres sont déposées sur une partie de l'itinéraire.

Le vainqueur du pôle Nord

« *Le pôle enfin !* [...] *Mon rêve, mon but de 20 ans. Il est à moi, enfin !* » écrit Peary dans son journal. En ce jour d'avril 1909, il vient d'atteindre le pôle Nord après 37 jours de marche. Il est accompagné de son assistant Matthew Henson et de 4 Inuits. Mais, à son retour, Peary apprend avec colère que l'Américain Frederick Cook affirme avoir réalisé le même exploit un an auparavant ! La polémique fait rage et, après enquête, Peary est déclaré vainqueur.

La bataille du pôle Sud

En 1911, deux expéditions prennent le départ pour le pôle Sud : celle du Norvégien Roald Amundsen et celle de l'Anglais Robert Falcon Scott. Les deux hommes ont choisi des stratégies différentes. Amundsen se déplace à skis et utilise des chiens pour tirer les traîneaux. Scott, de son côté, a attelé des poneys qui ne résistent pas au climat. Quand Scott et ses compagnons, épuisés par le froid et le blizzard, approchent enfin du but, ils découvrent avec désespoir que le drapeau des Norvégiens flotte déjà ! Leurs rivaux sont arrivés un mois avant eux, le 14 décembre 1911.

De nouvelles routes au nord

À la recherche de nouvelles routes au nord, les navigateurs s'aventurent dans les eaux de l'Arctique dès le XVIe siècle. Le passage du Nord-Est, le long des côtes de Sibérie, n'est découvert qu'en 1878 par le Suédois Nordenskjöld. Et celui du Nord-Ouest, le long du Canada et de l'Alaska, est franchi par Amundsen, en 1905.

dico

Blizzard : *vent glacial.*

Inuits : *nom que se donnent les Esquimaux.*

Pôle : *chacune des extrémités de l'axe imaginaire autour duquel tourne la Terre.*

Rival : *concurrent.*

Le Norvégien Amundsen (1872-1928) sur ses skis, ici sur la grande barrière de glace qui le conduit au pôle Sud.

Volcan en éruption à Hawaii.

Les aventuriers de l'extrême

Au XXe siècle, la surface du globe désormais bien connue présente moins d'intérêt pour les aventuriers en mal de découvertes. De nouveaux milieux extrêmes jusque-là inaccessibles s'offrent à eux.

Le savais-tu ?

Seul au fond du trou

Le Français Michel Siffre a passé deux mois de solitude au fond d'un gouffre, en 1962. Il a renouvelé l'expérience pendant six mois en 1972 et pendant plus de deux mois en 1999. Cette expérience étonnante a permis d'étudier les rythmes biologiques humains hors du temps.

Au fond des grottes

Le Français Édouard-Alfred Martel est l'un des premiers à s'intéresser aux entrailles de la Terre, à la fin du XIXe siècle. Avec des échelles de corde rudimentaires et de simples bougies, il accumule les découvertes et ouvre la voie à une nouvelle science, la spéléologie. En 1889, il trouve et explore la rivière souterraine du gouffre de Padirac, dans le Lot.

Au cœur des volcans

La fascination des hommes pour les volcans ne date pas d'aujourd'hui. Mais leur étude scientifique, la volcanologie, est une discipline récente. L'éruption de la montagne Pelée, en 1902, qui tue

28 000 personnes, mobilise les scientifiques comme le Français Alfred Lacroix et les Américains Thomas Jagger et Franck Perret. Des observatoires sont construits un peu partout dans le monde pour tenter d'élucider le mystérieux processus des éruptions. Mais la volcanologie reste une passion dangereuse que certains paient de leur vie. Ainsi, les Français Katia et Maurice Krafft meurent dans l'éruption du volcan japonais Unzen, en 1991.

L'ascension des plus hautes montagnes

L'alpinisme naît à la fin du XVIIIe siècle. Après l'exploration des Alpes et la conquête du mont Blanc (4 810 mètres) en 1786, les grimpeurs s'attaquent à l'Himalaya, la plus haute chaîne de montagnes du monde. En 1950, une expédition française dirigée par Maurice Herzog réussit la première ascension d'un sommet de plus de 8 000 mètres : l'Annapurna, au Népal. L'exploit est réalisé au prix de terribles souffrances car, à cette altitude, l'air contient trois fois moins d'oxygène !

Sur le « toit du monde »

Trois ans plus tard, une équipe britannique se lance à l'assaut du plus haut sommet de la planète, l'Everest, dans l'Himalaya, qui culmine à 8 850 mètres. Le 29 mai 1953, le Néo-Zélandais Edmund Hillary et le Népalais Norgay Tenzing atteignent le « toit du monde » après une marche épuisante. Pour réussir cet exploit, ils ont utilisé des masques à oxygène.

L'Everest est une poubelle

Les pentes de l'Everest sont encombrées de tonnes de déchets abandonnés par les alpinistes : cordes, toiles de tentes, bouteilles d'oxygène, emballages alimentaires... Des expéditions sont régulièrement organisées pour ramasser ces détritus.

dico

Entrailles : *profondeurs.*

Observatoire : *bâtiment destiné aux observations scientifiques.*

Spéléologie : *science qui étudie les grottes et les rivières souterraines ainsi que les plantes et les animaux qui s'y trouvent.*

Hillary et Tenzing au sommet du mont Everest, le 29 mai 1953 !

Au fond des océans

Jusqu'au XXe siècle, on ne connaît pratiquement rien du monde sous-marin. La mise au point d'engins d'exploration perfectionnés permet de partir à sa découverte.

Un essai de plongée en scaphandre, en 1933.

Les mystères des fonds marins

Le fond des océans est-il gelé ou brûlant ? Les mers sont-elles de plus en plus profondes à mesure que l'on s'éloigne des côtes ? Pendant des siècles, les scientifiques se posent beaucoup de questions auxquelles ils ne peuvent pas répondre. Jusqu'au XXe siècle, l'essentiel de leurs connaissances provient de sondes et de l'examen du contenu des filets de pêche. C'est peu !

Une nouvelle science

La première grande exploration scientifique des fonds marins est organisée en 1872. Le bateau anglais *Challenger* fait le tour du monde et recueille de multiples données sur la vie marine et la température de l'eau.

Le savais-tu ?

La découverte du *Titanic*

Le 14 avril 1912, le *Titanic* sombre dans l'océan Atlantique après avoir heurté un énorme iceberg. Près de 1 500 passagers périssent. L'épave du paquebot géant est retrouvée 73 ans plus tard. C'est un petit sous-marin équipé d'une caméra, dirigé depuis un bateau, qui a permis de la localiser, à 3 850 mètres de profondeur. Depuis, de nombreux objets ont été récupérés.

Le navire contient un laboratoire où les prélèvements sont examinés, dessinés et conservés. L'océanographie, la science des océans, est née.

À pied au fond de l'eau

L'homme n'est pas adapté à la vie sous-marine : il ne peut pas respirer sous l'eau et son corps ne peut supporter ni les fortes pressions ni le froid des profondeurs. Pour pallier ces inconvénients, les premiers scaphandres sont inventés au début du XIXe siècle. Par l'intermédiaire d'un tuyau souple, une pompe en surface assure l'alimentation en air du plongeur. Le scaphandre entièrement autonome est fabriqué en 1926 par le Français Yves Le Prieur, puis perfectionné par le commandant Jacques-Yves Cousteau et l'ingénieur Émile Gagnan en 1943. Cet équipement permet à un plongeur de se déplacer seul grâce aux bouteilles d'air comprimé qu'il porte sur son dos.

Les grandes profondeurs

En 1960, le bathyscaphe *Trieste* mis au point par le physicien suisse Auguste Piccard emmène son fils Jacques explorer la fosse des Mariannes, à 10 916 mètres de fond, dans le Pacifique occidental. À cette profondeur extrême, l'explorateur est stupéfait d'apercevoir un poisson, preuve que la vie existe dans les abysses. Depuis, les étranges créatures qui peuplent les fonds marins ont été observées par d'autres submersibles plus légers et plus maniables. Certains sont téléguidés et équipés de caméras.

L'océan vu de l'espace

Aujourd'hui, les océans sont en partie observés depuis l'espace par des satellites. *Jason 1*, le satellite franco-américain lancé en 2001, mesure la hauteur des océans avec une précision de moins d'un centimètre !

dico

Abysse : grande profondeur sous-marine.

Bathyscaphe : petit sous-marin destiné aux grands fonds.

Sonde : instrument qui sert à mesurer la profondeur de l'eau.

Submersible : sous-marin.

Aujourd'hui, c'est avec de tels submersibles que l'on explore les fonds marins.

Toujours plus loin

L'exploration de notre planète ne suffit plus ! C'est dans l'espace que les hommes vont désormais chercher l'aventure.

Le savais-tu ?

Le premier voyage dans les airs

C'est à la fin du XVIIIe siècle que l'on s'élève pour la première fois dans les airs grâce au ballon à air chaud, une invention française des frères Montgolfier. Le 19 septembre 1783, à Versailles, leur ballon décolle avec un mouton, un coq et un canard à bord, sous les yeux émerveillés du roi Louis XVI !

La conquête spatiale

Au lendemain de la Seconde Guerre mondiale, Soviétiques et Américains s'affrontent dans la course à l'espace. Mais explorer le cosmos implique d'inventer des engins capables d'atteindre la vitesse de 28 000 kilomètres à l'heure pour se libérer de la pesanteur terrestre. C'est chose faite le 4 octobre 1957 : le premier satellite, *Spoutnik 1*, est placé sur orbite par une fusée soviétique. Quatre ans plus tard, c'est au tour d'un homme, Youri Gagarine, de voyager dans l'espace, pendant 108 minutes.

On a marché sur la Lune

L'écrivain Jules Verne l'avait imaginé en 1865, les hommes l'ont fait en 1969 ! Le 21 juillet, les Américains Neil Armstrong et Edwin Aldrin marchent sur la Lune, après un voyage de près de 400 000 kilomètres. « *C'est un petit pas pour un homme, mais un grand bond pour l'humanité* », déclare Armstrong. Dans le monde entier, 600 millions de spectateurs suivent l'exploit à la télévision.

Un homme sur le sol lunaire ! Aldrin posant à côté du drapeau américain. Photo prise par Armstrong le 21 juillet 1969.

Les « maisons de l'espace »

Battus par les Américains dans la course à la Lune, les Soviétiques s'attaquent à un nouveau chantier : la construction d'une « maison de l'espace ». La station *Mir* (« paix » en russe), qui voit le jour en 1986, accueille une soixantaine de scientifiques jusqu'en 2001 (date de sa destruction). Depuis 1998, une quinzaine de pays, dont la France et les États-Unis, construisent une nouvelle « maison ». Baptisée *ISS*, cette station spatiale internationale doit être terminée en 2006. Elle sera alors grande comme un terrain de football et pourra accueillir 7 astronautes en permanence.

Objectif Mars

Après la Terre, la planète Mars est la plus hospitalière de notre système solaire. En 1976, *Viking 1* et *Viking 2* sont les premières sondes à se poser sur le sol de la planète rouge. Elles sont suivies par d'autres engins chargés d'y trouver des traces de vie passée. En 2001, la sonde américaine *Mars Odyssey* apporte la preuve de la présence d'eau. L'installation d'une base martienne est d'ores et déjà envisagée, mais sa construction n'est pas pour tout de suite ! Il faut d'abord résoudre de nombreuses difficultés, à commencer par la durée totale du voyage : deux ans et demi ! L'exploration du cosmos ne fait que commencer…

Un chien dans l'espace

Le premier être vivant envoyé dans l'espace était une chienne appelée Laïka. En 1957, elle a tourné autour de la Terre enfermée dans le satellite soviétique *Spoutnik 2*.

La station russe *Mir* tournant autour de la Terre (1997).

Cosmos : espace qui se trouve au-delà de l'atmosphère terrestre.

Orbite : courbe parcourue par un satellite autour de la Terre.

Pesanteur : force d'attraction qui attire tous les corps vers le centre de la Terre.

Sonde : engin que l'on envoie dans l'espace pour recueillir des informations.

Sur les traces des explorateurs

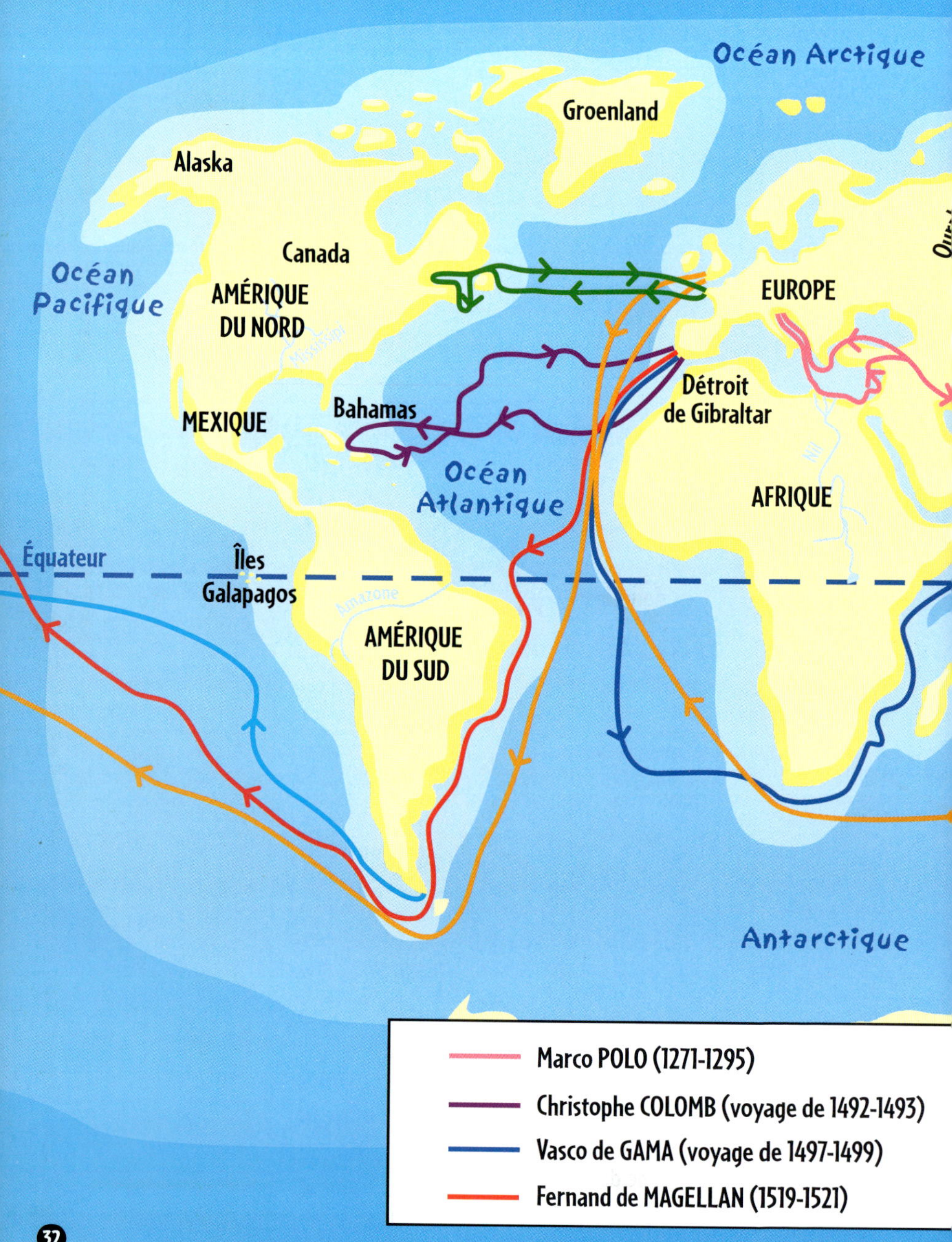

Cette carte présente les itinéraires des principaux explorateurs décrits dans ce livre.

Qu'ont rapporté les explorateurs ?

Au cours de leurs voyages, les grands explorateurs ont rapporté des aliments alors inconnus en Europe.

- D'Amérique :

cacao
tomate
pomme de terre
maïs
fraise...

- D'Afrique :

artichaut
melon
chou-fleur
banane...

- D'Orient :

riz
sucre
café...

- D'Extrême-Orient :

thé
poivre
cannelle
clou de girofle...

Quiz

Es-tu sûr de bien tout savoir sur les grands explorateurs ? Pour le vérifier, amuse-toi à répondre à ces questions.

Attention, parfois plusieurs réponses sont possibles.

1 Les explorateurs sont :
A des aventuriers qui bravent de terribles dangers.
B des savants qui font progresser la connaissance du monde.
C des étudiants qui veulent apprendre le plus de langues étrangères possible.

2 Une mappemonde est :
A une épice.
B une sorte de boussole.
C une carte du monde.

3 Les épices d'Orient étaient utilisées en Europe pour :
A fabriquer du poil à gratter.
B relever le goût des aliments.
C conserver les aliments pendant l'hiver.

4 La maladie du scorbut est provoquée :
A par le mal de mer.
B par une indigestion de choucroute.
C par le manque de vitamine C.

5 L'expression « Nouveau Monde » désigne :
A l'Amérique.
B l'Afrique.
C l'Asie.

6 Un naturaliste est un homme qui :
A pique-nique toujours à la campagne.
B étudie les plantes, les animaux et les minéraux.
C aime vivre nu en pleine nature.

7 Le bateau de Christophe Colomb s'appelait :
A La *Boudeuse*.
B La *Santa Maria*.
C Le *Challenger*.

8 Quand le journaliste britannique Stanley retrouve en Afrique l'explorateur Livingstone, il lui dit :
A « *Vous avez mauvaise mine !* »
B « *Voulez-vous une tasse de thé ?* »
C « *Docteur Livingstone, je présume ?* »

9 Le bathyscaphe est :
A un engin sous-marin.
B un bateau.
C une sonde spatiale.

10 Le premier être vivant envoyé dans l'espace s'appelait :
A Neil Armstrong.
B Laïka.
C Youri Gagarine.

Pour t'aider dans ton exposé

Pour réussir ton exposé sur les grands explorateurs, pose-toi quelques questions essentielles.

1 Quel sujet choisir ?

L'exploration de notre monde est une très longue histoire. Alors pas question de tout raconter ! Limite-toi à un seul sujet ou à une seule période : la découverte de l'Amérique par Christophe Colomb, la course aux pôles, les voyages scientifiques, les premiers pas de l'homme sur la Lune…

2 Où trouver les informations ?

Inutile de lire tout ce qui existe sur le sujet. Aide-toi de cet « Essentiel Milan Junior » ainsi que de la liste page 36 pour trouver d'autres ouvrages sur le sujet. Va également au CDI. Recopie ou photocopie les passages importants. Rassemble aussi des photos et des illustrations que tu imprimeras par exemple à partir d'Internet.

3 Comment préparer ton exposé ?

Réfléchis à un plan en trois ou quatre parties correspondant aux principaux aspects de ton sujet. Ne recopie pas les livres que tu as trouvés : résume les informations avec des mots à toi. Si tu es à l'aise à l'oral, ne rédige pas ton exposé en entier. Note juste les idées importantes et les enchaînements, ce sera beaucoup plus vivant. N'écris que d'un côté des feuilles et numérote-les. Entraîne-toi à la maison, si possible devant quelqu'un qui pourra te dire si ton texte est trop long ou ennuyeux.

4 Comment réussir ton exposé en classe ?

Commence par annoncer ton sujet et écris le plan au tableau. N'hésite pas à t'arrêter de temps en temps pour écrire (sans faute !) les noms propres que tu cites et les dates importantes. Pour visualiser le voyage de l'explorateur dont tu parles, pense à dessiner ou à photocopier une carte du monde sur laquelle tu auras dessiné l'itinéraire avec un feutre de couleur. Enfin, prévois un peu de temps pour que tes camarades puissent te poser des questions à la fin de ton exposé.

Pour aller plus loin

Des livres

- ***Atlas des explorations,*** Antony Mason, coll. « Les grands atlas », Casterman, 1994. De grandes cartes pour découvrir en détail les itinéraires des explorateurs.
- ***Christophe Colomb, découvreur de l'Amérique,*** Peter Chrisp, coll. « Les yeux de l'histoire », Gallimard Jeunesse, 2001.
Trois des voyages de Christophe Colomb, avec de nombreuses illustrations et photos.
- ***Les Grands Explorateurs,*** Claude Merle et Laure Mistral, coll. « Junior Histoire », Autrement Junior, 2002.
- ***L'Aventure de neuf grands voyageurs.*** Pour les bons lecteurs.
- ***Explorateurs et Aventuriers,*** Claire Craig, coll. « Les clés de la connaissance », Nathan, 1997. Un tour d'horizon rapide et complet des grandes explorations.
- ***Renaissance et nouveaux mondes,*** Michel Pierre, coll. « Repères Histoire », Casterman, 2000.
- ***L'Europe aux XVe et XVIe siècles.*** Pour les bons lecteurs.

Des magazines

- ***Je lis des histoires vraies,*** Fleurus Presse. Propose chaque mois un récit sur un personnage marquant de l'Histoire.
- ***Images Doc,*** Bayard Jeunesse. Un événement historique très illustré raconté dans chaque numéro.
- ***Arkéo junior,*** éditions Faton. L'actualité de l'archéologie du monde entier.

Des musées

- ***Musée du Louvre,*** à Paris. Une multitude d'objets d'art de tous les continents et de toutes les époques. www.louvre.fr
- ***Musée national des Arts asiatiques-Guimet,*** à Paris. De nombreux objets d'art orientaux. www.museeguimet.fr
- ***Musée national de la Marine,*** à Paris, Brest, Port-Louis, Rochefort, Toulon, Saint-Tropez, Nice. Des bateaux et des instruments de navigation. www.musee-marine.fr
- ***Musée Jacques-Cartier,*** à Saint-Malo (manoir de Limoelou). L'unique héritage de Jacques Cartier, le découvreur du Canada. www.musee-jacques-cartier.com
- ***Cité des sciences et de l'industrie,*** à Paris. À ne pas rater : le planétarium, la fusée Ariane et la Géode. www.cite-sciences.fr
- ***Vulcania, parc européen du volcanisme,*** à Saint-Ours-les-Roches. Pour tout savoir sur les volcans et le travail des volcanologues. www.vulcania.com

Des vidéos ou DVD

- ***Il était une fois… les explorateurs,*** Sony Music Video, 2002. Les grandes découvertes sous forme de dessins animés. Pour les plus jeunes.

Des activités

- ***La Route des Épices.*** Un jeu de société passionnant et original (il contient 18 odeurs d'épices) pour revivre l'aventure des grands navigateurs en route vers l'Orient (Sentosphère).
- **Des modèles réduits de bateaux de grands explorateurs** (Heller, Revell).

Index

Réponses au quiz

1 A et B
2 C
3 B et C
4 C
5 A
6 B
7 B
8 C
9 A
10 B

Responsable éditorial : Bernard Garaude
Directeur de collection : Dominique Auzel
Assistante d'édition : Anne Vila
Correction : Claire Debout
Iconographie : Anne Lauprète, Stéphane Murat
Conception graphique : Anne Heym
Maquette : Anne Heym
Couverture : Bruno Douin

Illustrations : Rémi Kerfridin
pour les pages 3, 6-7 et 14-15

CRÉDIT PHOTO
Couverture : (haut) © Rue des Archives - The Granger Collection NYC / (bas) © Witness - Corbis Sygma / (dos) © R. Kerfridin
pp. 4-5 : © DR / p. 9 : © Rue des Archives - The Granger Collection NYC / p. 10 : © E. Lessing - AKG Paris / p. 11 : © British Museum, Londres – Bridgeman Art Library / p. 12 : © Bettmann – Corbis p. 13 : © Collection Roger Viollet / p. 16 : © Rue des Archives - The Granger Collection NYC p. 19 : © Collection Roger Viollet / p. 20 : © Rue des Archives - The Granger Collection NYC p. 22 : © Collection Roger Viollet / p. 23 : © Rue des Archives / p. 24 : © Harlingue - Roger Viollet / p. 25 : © Rue des Archives / p. 26 : © Marge - Sunset p. 27 : © Rue des Archives - The Granger Collection NYC p. 28 : © Collection Roger Viollet / p. 29 : © R. Ressmeyer - Corbis / p. 30 : © Collection Roger Viollet / p. 31 : © AFP / pp. 32-33 : © Karine Tardieu - Milan / p. 33 : © D. Chauvet - Milan Presse, DR

300, rue Léon-Joulin,
31101 Toulouse Cedex 9 France

Dépôt légal : avril 2003.
ISBN : 2-7459-0952-5
Imprimé en Espagne.

Derniers titres parus

4. **Sais-tu vraiment ce que tu manges ?**
Nadia Benlakhel

8. **Comprends mieux tes parents**
Fabienne Azéma

10. **L'écologie, agir pour la planète**
Isabelle Masson

35. **Pays riches, pays pauvres. Pourquoi tant d'inégalités ?**
Frédéric Bernard

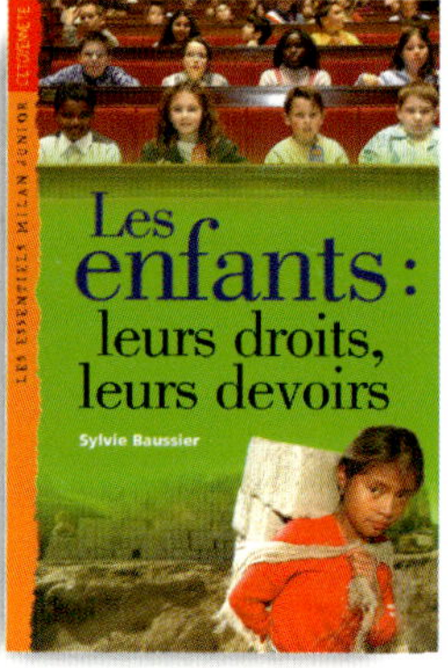

36. **Les enfants : leurs droits, leurs devoirs**
Sylvie Baussier